VERMELHO RUBRO

Vermelho rubro

1ª edição: Julho 2025

Autora: Isis Valverde

Preparação de texto: Magno Paganelli

Revisão: Debora Capella

Projeto gráfico: Luisa Tavares

Ilustrações: Lilo Viana

Capa: Giovanni Bianco

Impressão: Plena Print

Foto de capa:
Hick Duarte (*fotografia*)
Leo Almeida (*maquiagem*)
Pedro Salles (*styling*)
Thinkers Management (*produção*)

DADOS INTERNACIONAIS DE CATALOGAÇÃO NA PUBLICAÇÃO (CIP)

Valverde, Isis.
Vermelho rubro / Isis Valverde.
— Porto Alegre : Citadel, 2025.

128 p.

ISBN: 978-65-5047-557-4

1. Poesia brasileira I. Título

24-5449 CDD - B869.1

Angélica Ilacqua - Bibliotecária - CRB-8/7057

Produção editorial e distribuição:

CITADEL Grupo Editorial
contato@citadel.com.br
www.citadel.com.br

ISIS VALVERDE

VERMELHO RUBRO

CITADEL
Grupo Editorial
2025

PREFÁCIO

É muito interessante, e às vezes emocionante, ler as confissões poéticas de uma jovem estrela pop, linda, talentosa, rica e famosa, que todos imaginam levar uma vida perfeita de Instagram, com paz, amor e família, e encontrar uma mulher, madura e menina, de alta sensibilidade, que se revela humana, sofrida, decepcionada, ferida, capaz de expressar suas dores e delícias com sinceridade e emoção, que certamente tocarão mulheres, e homens, comuns, normais, banais, como todos nós, na identificação com os sentimentos que não expressamos e que ouvimos de uma estrela pop, modesta e discreta com sua poesia, sem interpretar nenhum personagem, revelando-se em confissões poéticas, numa escrita livre, intensa e sincera.

Nelson Motta

A CASA

O dia amanhece com o barulho dos caminhões de gado

A Kombi buzina anunciando o leite e o queijo na porta das casas

Só o sino da igreja nos lembra que as horas passam.

Aqui não existe engarrafamento

Mendigos nas ruas

Atendimento precário

Aqui não sobra espaço para ser triste

Minha pequena Aiuruoca

Minha

Tão minha.

SEM RIMA

Por guardar na alma tanto receio

Não escrevia

Nada falava

Tampouco sentia.

Bem sei que em mim nada havia

Sequer um ponto de poesia.

Hoje

Trago versos

Maresia

Seria ironia?

OUTRORA

Disparo, depois pergunto se machucou

Pois minha imaginação não tem estrada. E eu não gosto

mesmo da estrada. Gosto do desvio e do desver.

Amor é tudo que eu tenho...

Não se esqueça de olhar as flores

Segure-as, delicadamente, na mão...

Respire, observe...

E vê?

Você já não pode ser a mesma...

ATREVIDA

Hoje eu acordei atrevida.

Roubei das estrelas a luz

E enfeitei ainda mais o So .

Tirei da Lua a doce poesia

E misturei no azul do mar.

Pisei na areia leve

E como mágica

Vislumbrei nos translúcidos grãos

A menina linda que ainda brinca em meu coração.

O amanhecer

é a parte mais linda do dia.

FRESCO AMOR

Junto de você sou luz, sol e liberdade

Tenho a alma quente, alegre e cheia de vida. Nunca fui capaz

de aceitar nosso afastamento como uma despedida

Pois carreguei nossos momentos com sabor de

eternidade. Agora abro os braços para a felicidade.

Recebo as coisas belas da vida com serenidade.

Inebriada, embevecida. Estando ao seu lado me sinto renascida

Saboreando a delícia da reciprocidade.

Para tudo isso existiu, sim, um segredo

Que foi o poder de controlar o medo

De amar alguém.

E, assim, consegui reviver as flores mortas do meu jardim.

Seu amor me faz perfeita, refeita. E abriu aquelas esquecidas gavetas.

Onde eu guardava o melhor de mim.

ASTRO REI

O sol nasce sozinho, como sempre

E nem assim perde sua beleza.

Vem, em solitude, para mostrar-se poderoso e independente.

Vem, magnânimo

Empurrando as nuvens para iluminar a Terra.

Sem pedir nada em troca, a bendita estrela

cumpre seu diário e incansável papel

Aquece as plantas e os animais

Fotossensitiva as flores.

O astro rei nunca foi dos homens, sempre foi de Deus.

Temos ainda os dias seguidos das noites

A Lua linda e imensas estrelas

Panapanás e canto de passarinhos.

O mundo gira e se revira

Solto no espaço

Lágrimas divinas escorrem das cachoeiras

Cristalinas

Imaculadas.

E tem gente que ainda acha que são elas os especiais.

FLORESCER

Nunca vou me arrepender por ser amor em um
mundo onde o descarte virou moda.
Onde se "emocionar" é sinônimo de vergonha.
Gosto de cartas na mesa, olho no olho, de demonstrar
sem medo o que quero pra minha vida.
Sou clara, quando quero ficar.
Claríssima, quando quero ir embora.
8 ou 80.
Chama ou gelo.
Sempre repito que a zona de conforto deveria ser, para
todos, o lugar mais desconfortável do mundo.
E não vou mudar esse meu jeito de ser.
Fato.
Se desagrado alguém, por certo, será por não mentir.
Aqui só existe o que é real. Sem filtro, sem
joguinho, sem frescura, sem "charminho".
Nunca serei algo além de coração. Sigo por
quem e por que minha razão desacelera.

Irracional? Pouco me importa. Pra ser decoração,

só o que o dinheiro possa comprar.

Quero ser aquela pessoa que vale a pena conhecer, para

que também tenha acesso ao que e aos que valem a pena.

Clamo pelo inesquecível.

Quero o que agrega, soma e ilumina.

Não sei ser pouco. Aquela pessoa que oferece migalhas, sabe?

Então, não aceito nada de menos também.

Quero mãos entrelaçadas, abraço sincero, beijo farto, lealdade.

Reciprocidade me fascina, porque meu alvo é além do óbvio.

Hoje, estou amando como nunca amei antes na vida.

Então, acredito ainda mais que atraímos o que emanamos.

Minha intensidade vibra de alegria.

Infla meu peito.

Plantei amor.

Reguei com lágrimas.

E floresci.

ESBOÇO DE MIM

E quando você menos espera, a saudade bate na porta

Entra sem permissão e levanta os tapetes

Afasta os armários

Invade o porão

Remexe fotografias.

E é inevitável que aquela poeira de esquecidas estrelas

entre pela sua alma e intoxique seu pulmão.

Consequentemente, a tosse que termina em lágrimas

"Deixe as coisas em seu lugar" é meu único pedido.

Não há como voltar.

Eles se foram

Todos eles

Os irmãos

O pai

A mãe

O meu amor

Deixe minhas coisas no lugar.

Aqui não tem mais espaço para nada nem ninguém.

MADRUGADAS

Foram muitas madrugadas. Muitos maços de cigarro.

Sempre me entreguei demais para as coisas e as pessoas.

Algumas, raras, permanecem. Talvez porque eu acabe

me cansando de viver algo sem reciprocidade.

A gente se doa tanto, se aperta tanto, que dói, sabe?

Até pessoas que nunca pensei em deixar se foram.

Algumas sem nenhum adeus, ou razão.

Ficaram sobrando as sombras. Mais e mais.

Fui embora de muitos lugares que hoje nem sei explicar por que estaria lá. Era muito mar e sol, sem praia ou algum cais. Só sei que o que espalhei está por aí. Se somei, não há dúvidas. Se me reconhecem assim, restam muitas interrogações.

Somente agora entendi que nesses longos anos eu deveria ter procurado por mim. Porque as nossas decisões, as nossas escolhas, a nossa vida, nada disso precisa fazer sentido para outras pessoas. E eu desejava fazer sentido, mesmo quando as pessoas não faziam sentido algum na minha vida ou para a minha vida.

Sigo lutando pra ser o melhor que posso ser.

Se desagrado? Lógico.

Não me perguntam se estou feliz. Nem se estou bem. Ou se preciso de algo.

A resposta é que as pessoas só querem que você corresponda às expectativas delas.

Se você falha, você é descartado.

E sempre falho.

Humanidades.

Portanto, que me ame quem quiser.

SAUDADE

Saudades.

Palavra que me dói balbuciar.

Recito poemas tristes

Me rói o peito lembrar de quem

Fui.

Sempre poeta

Sempre na angústia de ser

feliz

Na desavisada alegria.

Imperfeita.

POBRES POETAS

Amo meus poetas

Que contavam suas façanhas à mesa.

Eu, menina

Olhava

Vivia cada segundo de festa.

A festa dos “vadinhos” e suas flores

Olhos brilhantes

Ardentes

Desejantes.

Contavam o amor a Baco e suas rebeldias

Vinho que vazava porta afora.

Eu, menina

Olhava

Afogava meus medos em seus infortúnios.

Poetas boêmios e destemidos

Mal sabia

Que estes

eram os mais covardes e medonhos.

MARCA-PASSO

A marca do amor que em mim

Fracassou.

Sou eu livre de borboletas.

Essas

Que borboleteavam barriga acima

Sinto o rasgo por onde fugiram.

Meu pai

A partida

A moto

O céu do Gamarra.

Um coração

A cruz

Em mim.

TÁVOLA REDONDA

O jogo do poder

O parque de emoções humanas.

Na mesa

Sonhos, invejas veladas, vinganças enterradas.

Funeral

Quem leva mais?

A morte.

Fato.

PROFUNDA

Minha sombra se perdeu além-mar
e fiquei a nadar
só corpo
boiando
sem alma.
Por aí me reencontrei concha
Uma concha torta e encardida.
Não me encaixava nem pensar.
Boiando em alto-mar
sem rumo
“desassombrada”
não me sentia sozinha
nem inquieta.
Uma concha não tem as incertezas humanas
nem dores
nem os medos mais temidos.
Sendo concha
não existia humanidade.
Acabei por naufragar
Salgada
Apenas.

VERMELHO RUBRO

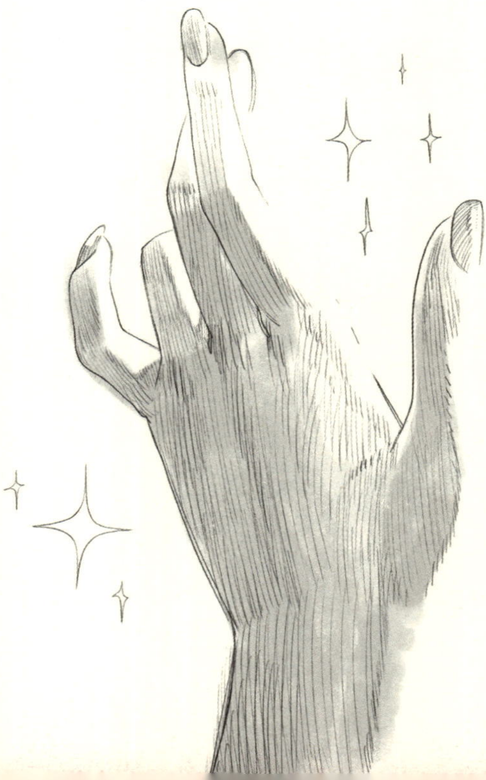

O vermelho das unhas longas de marfim reluzia
amassando a massa aberta na varanda.
Vermelho rubro que enchia minhas mãos sedosas
com farinha branca, ovo e leite gordo.
A massa era fatiada
picada e enrolada pra descanso.
A voz
já não me lembro com clareza
Mas os cabelos
Curtos
Negros
Esses, sim
me são nítidos na memória.
E as unhas...
E as mãos...
E o afago macio...
Vermelho
Rubro
Que ainda não cicatrizou.
Saudade.

RETALHOS DE UM CORAÇÃO

Nossa vida às vezes se repete, recortes de vidas passadas

Dentro de nossas cartadas.

Parte do nosso compasso

Às vezes noutro espaço.

Serei eu quem eu penso que

Sou?

Serei eu

apenas parte de um passado que se reinventou?

Partes e recortes de corações antigos

Dores mofadas

Sonhos naufragados

Frangalhos afundados

Retalhos em mim.

CINZA É A COR MAIS QUENTE

Num sopro o ar dos meus pulmões se esvaiu, acordei.
A cama amassada e olhos cinza, fitando a nudez que ali dormia.
Olhos seus, que me fizeram enamorar o céu como
nunca houvera, a acariciar os peixes já entediados no
aquário da sala. Olhos esses que me deixaram gozar na
cara da madrugada, que sempre chegava desavisada
e cambaleante, pelo relógio que não queria girar.
De dentro da metrópole acessa, meu coração
se inquieta e bate cada vez mais rápido,
ávido por mudança e juventude.
Em meio a lençóis, músicas
danças
taças de vinho
e sol na pele.
Eu
estendida em seus braços
mais uma vez

deixei a vida galopar seu rumo.

Emaranhando meus cabelos

Ressecando meus lábios

cavalgando sem pretensão

de um dia ser feliz.

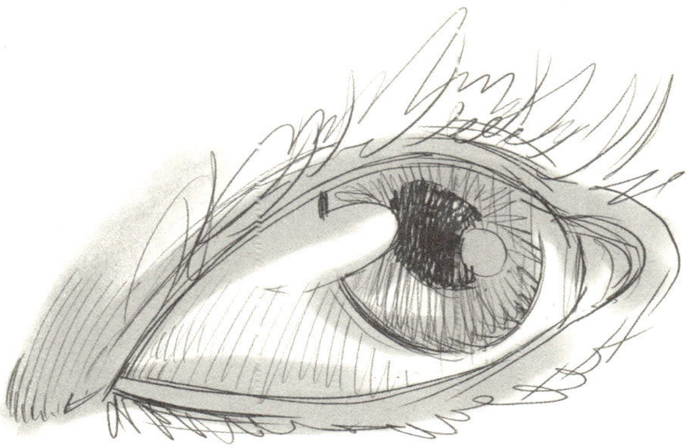

POTÊNCIA INFANTE

Na distância do céu me vejo entre nuvens e devaneios, invadida por sonhos ásperos que machucam pela audácia. Longe dos meus, me refugio em mim, escondendo as escaras que se abriram no passado. Dentro da lata velha que ainda voa, me agarro à ansiedade do novo e incerto, aguardada por estranhos, minha arte se readapta, cambaleante e menina. Traço hoje um caminho sem rota, no trem que parte os vagões ainda não estão preenchidos por certezas, assim como nada que existe. Aprendi a viver em revoada, beijando flores selvagens, chorando e inundando riachos, descansando em folhas frescas, bebendo leite gordo, guardando roupas em caixas com rodas e sendo surpreendida pelos golpes do destino. Porque, na distância do céu

eu posso tudo!

DESERTOR DE SI

O avião decola em suas asas de aço rumo ao espaço.

Traço um novo marco, enveredo pelo meu terraço.

Me reinvento, pois não me aguento em

mim nem mais um momento.

Tempos ágeis não muito fáceis de domar.

Pouso leve, breve, pouco comum de se adequar.

Sinto o peito arfante, acelerando meus passos adiante.

Sonhar seria para os que têm coragem de desertar de si.

VENTRE

Cabelos auríficos roçam em meu rosto e percebo que já morreu o dia anterior, a meia-noite sussurra pelo bicudo cuco na sala. Penso em meu pai, se me lembro bem eram pretos e brancos os pelos que cobriam seu corpo, porque na cabeça nada mais restara. Pareciam os pelos de uma zebra recém-abatida. Porque os pelos, estes, pareciam desgrenhados e...

Macios...

Vazio...

Voltando ao quarto na penumbra, os cabelos com cheiro de suor me lembraram o dorso suado de seu progenitor, a genética sempre impera.

Poças de lembranças desaguam peito adentro e me ensinam a amar quem eu nem ao menos conheço. Em meio ao silêncio mórbido, os cabelos se ramificaram pela minha boca e me entregaram palavras nunca ditas à solidão dos sonhadores...

Bons sonhos, meu filho,

te amo!

FÊNIX

Entre águas ressurgi fênix

e em mim desaguei fé!

PANDÊMICA

Muralhas construídas na vespertina manhã
E nada se explicou, somente o medo bradou.
Os abraços foram extintos, assim como
os afáveis beijos e beijocas.
Apertos de mão foram banidos da praça e só ficaram
olhares amedrontados a espiar os corpos passantes.
Naquela manhã algo havia quebrado, e fomos
todos mutados por algo invisível aos olhos.
Uma doença assombra o mundo dos homens e não
sabemos nem o nome dela, não nos foi apresentada!!!

Apavorados, nos recolhemos em nossas sombras,

choramos nossos medos, implorando pela liberdade,

tememos diariamente por nosso livre-arbítrio.

Vespertina manhã de horror, onde nada me foi

explicado, somente arrancado, mutilado.

Hoje somos máscaras ambulantes, sem sorriso ou afeto.

Muralhas minhas que aumentam com o tempo, sem o

calor do vento assobiando por entre meus dentes.

Os corpos aquecendo meu ventre.

Acordo noutra manhã. O relógio não

parou com o pranto da noite.

Bom dia.

ESPERANÇA

Em tempos difíceis sempre me disseram “Esperança”.

E também me contaram que esta nunca morre.

Nunca entendi o profundo entendimento dessa bonança.

Passado um tempo

daqueles tempos que a gente cresce bem muito e percebe

que precisa se agarrar a alguma coisa forte e estável.

Pois bem,

Me vi agarrada à esperança.

E foi quando descobri

Que

A esperança foi feita criança, daquelas que o tempo não passa,

Sabe?

BALZAQUIANA

O que mais me reduz à forma humana é a convivência com a mediocridade. Em que vários te perguntam:

— E aí, tudo bem?

E você responde:

— Tudo!!!

Óbvio que não tá tudo bem, muita coisa acontecendo na sua vida, divórcio, mudança de emprego, problemas na família, contas pra pagar, carro enguiçado e blá-blá-blá.

Mas você percebe na impaciência do perguntador que o que menos ele quer ouvir é algo relativo à sua vida, e a impaciência que salta dos olhos é visível e impávida.

Ando estressada, com pouco estômago para papagaiagens.

Seria essa a sina de uma balzaquiana?

Acredito ser mesmo náusea de gente falsa e cênica.

Oh, Deus, me dê sabedoria e determinação para viver entre os dissimulados e levianos.

Aqui assinado, atriz medíocre.

VIDA

Quando notamos que o controle da vida não
está na segurança de nossas mãos
O chão desaparece e flutuamos em um vácuo de incertezas.
Assistir a seu sorriso descer rio abaixo
Se afogar
Se perder.
Não imagino meu mundo sem o seu colo
seu ventre vazio.
Minhas mãos atadas e um aperto no peito sufocante.
Hoje
Queria estilhaçar o relógio.
As ruas emudeceram hoje
As horas não passam
e meu peito parece sufocar em gritos silenciosos.
Clamo por vida
Pela sua
Por nós
Pela nossa família
Que não permito ser desfeita por santo algum!

Hoje sou fera

Guerra

Fogo.

E queimo em oração

Me dê sua mão

E prometa

Você fica!

ESPELHO DE MIM

Sendo eu criança em você, resgatei a
infância através de suas passadas.
Ressurgi de repente, menina, novamente nos
bambuzais, renasci no barro das adestradas vacas e
bebi em suas tetas ainda quentes leite gordo.
Eu, ali, menina, e você e o som das amoreiras
resvalando na janela entreaberta da cozinha.
Pinhão na mesa, queijo, café resfolegante feito
chaminé. Minas, eu menina e um punhado de fé.

LUSCO-FUSCO

Eu quero ver o sol

E as horas passam

E tudo fica mais difícil.

Porque os dias se vão

E vem a noite

E traz preguiça

E os mais profundos sentimentos brotam.

Não é dia

E o sol ainda não nasceu

Sendo parte da minha alma que ainda dorme sem querer acordar.

Mas algo diz baixinho

Bom dia

E entra a luz

E fim.

SOLITUDE

Um mundo vasto, mas o medo me consome, medo de abrir a
porta e me dissipar de mim e ser sugada pelo olho que me seca.
Julgamentos caem como chuva aos olhos perversos
do monstro invejoso, que deseja dizimar o próximo,
restringindo, plantando desavenças.
Triste
a insignificância de seres tão terrenos que agem
pelo impulso de suas interpretações.
Abrir a porta?
Não sei se desejo.
O medo me assombra diante de trevas que assobiam
música alta no meu quintal porta com porta.
O outro respinga desejo pelo que não possui.
Sendo vazio
preenche de almas narcísicas
nascidas de vielas obscuras da solidão.

Solitude

SIM.

Tenho!!!

Solidão, jamais!

Como me diziam na infância:

— Antes só que mal-acompanhado!

ECO

Repete o teu nome e grita aos quatro ventos.

Turbilhão.

O ego a jato que fura as nuvens da emoção

e quase atinge a estrela maior.

Cuidado quando repetir tão perto do coração, esse

pode acreditar e se deixar tomar pela falta de afeto.

Me disseram que afetos importam e são essenciais

para que sua vida seja mais leve e preenchida.

Perdi meus afetos alagados por saudades.

Repeti meu nome e nada me veio, talvez um ódio por ver morta

minha menina interior e sem saber como seguir no ar, decidi

pousar em terra nenhuma, sem dono, sem água, seca, esquecida

e atormentada pelo tempo que não para por lágrima alguma.

Não vejo luzes daqui, gostaria eu de ver alguma

fagulha de esperança renascida, mas nem isso.

E me deito na relva já plastificada implorando por uma

epifania que me tome, que me salve de mim.

AFFAIR

O coração aperta a borda da alma que se esconde em vão.

O amor busca saída

e escraviza

sem comoção.

E eu na batalha do não

Grito

Escorraço

Espatifo tudo no chão.

Empurro sem piedade ou perdão

o bendito

pra fora do coração.

Saia da minha casa,

lacaio,

sujismundo,

ladrão.

Tenho palavras entaladas

ávidas por um voo desenfreado

entre dentes.

Me calo

Nada a dizer.

Sentir?

Quem sabe

talvez tenha me esquecido.

VERMELHO

O céu se avermelhou

E o dia parece que nem chegou

E já se foi.

Luz da Lua brilha tímida

estrelada

o brilho roubado

Sonhado, sacolejado e arrebatado meu mel.

NÃO FORCE AMOR ALGUM

Porque um belo dia a porta quebra

e você ainda fica preso lá dentro.

POETA BARATO

Nasci assim

na poesia barata de poetas já esquecicos e amargurados,

poetas de beco e botecos.

Aqueles que falam com a alma, alma que cospe fogo e

verdades sem filtro, queimando a retina dos hipócritas.

INSENSATEZ

Na busca por um amor

me culpei

A insensatez

e por fim

deixei de amar-me.

E enfim

Parti.

BORBOLETAR

As palavras saem como lagartas peludas
encruadas de meus dedos enfadonhos.
Escrever deixou de ser a válvula.
Oh Deus!
quanta coisa pra fazer nessa “adulteza”
que me sufocou a fala da alma.
Inveja da criança
cobiço seus minutos
e o tempo
que ali não reside.

As palavras

essas

que não estão mais cabendo no vocabulário encurtado

pelo inglês e que imperfeito entala garganta abaixo.

Lagartas que agora borboleteiam pelo ar

mostrando ser possível planar.

Como?

Se ainda me arrasto pela lama lagarteado por palavras sem rima

Me disseram

VAI.

Certezas

Não as tenho.

Coragem

Não me falta.

Só não se esqueça de bater as asas.

BRILHA, BRILHA, ESTRELINHA

Pensei um dia me transformar estrela, mas no final

a estrela

me roubou o brilho

que restara

E fiquei assim

Desabrilhantada!

MEU JARDIM

Caminhei lugares

Construí histórias

Destruí certezas

Rodei mundo e fundos.

Mas o meu jardim permanece intacto ao fundo da casa.

A casa também se foi

As portas caíram

As janelas não são as mesmas.

O rio ficou mais turvo

Revolto.

Caminhei lugares

Construí memórias

Destruí muralhas.

Mas o meu jardim

Esse

Impermeável, infantil e intocável

Permanece intacto

Mesmo

que

sem a casa.

DOCE EM VOCÊ

Doce seria se a vida fosse

Doce seria se o amor vingasse.

Seria mais que doce

se o dia virasse

noite

que virasse tarde

e que a tarde voltasse ao dia

que você viria

somente um dia

e eu teria infindavelmente você.

Como seria?

PASSARINHAS

Se cair fosse pra poucos não haveria um único pássaro no céu.
Me disseram que sonhos são frutas altas
nascidos em árvores maiores ainda
que voar seria para os que não têm medo
de ser desertor de suas certezas.
A vida se contorce e entorna seiva nas asas de quem quer ir além
de quem se permite perder
o "certo"
pra talvez...
acertar o alvo.
O jogo das cadeiras que não tem fim.
Aliás,
fim terá na caixa de madeira que afunda sete palmos.
Seja pássaro
Aprenda uma melodia nova
quem sabe ela pode mudar pra sempre
a trilha sonora da sua vida.

INSENSÍVEIS

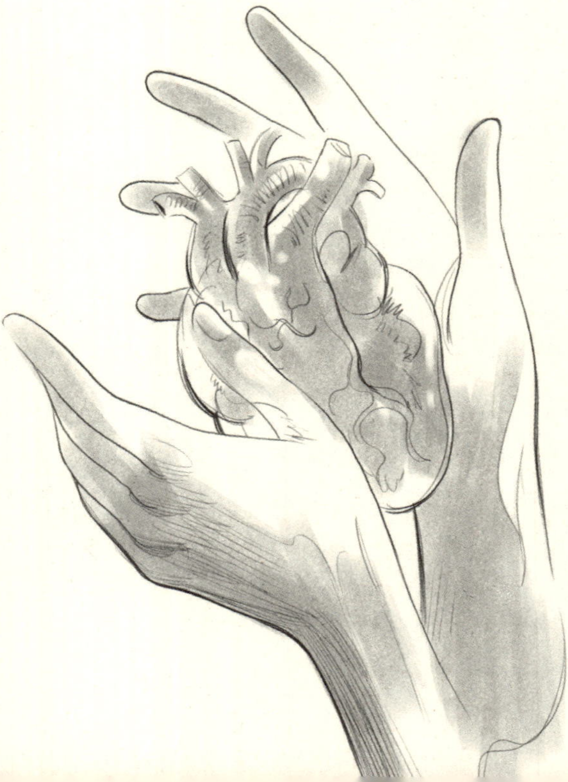

Poesia para os fracos ridículos e sensíveis.

Lugar para estes não há mais neste mundo tão árido

a aridez tomou conta do meu deserto particular

que até então se nutria de um fino córrego.

Este

ainda escorria por entre dedos enlameados.

Eu

Sozinha

Desértica

Desaprendi por completo

Amar

Você.

QUINTAL DE OUTUBRO

Me lembro criança alegre.

Diziam eles,

Lá vai ela, toda se sorrindo.

E ainda nem são férias, estamos em outubro!

A alegria era minha incessante busca, uma busca pelo efêmero.

Eu, menina raiz, despida em cachoeiras, desenfreada e

selvagem entre os arbustos frutíferos da terra Minas.

Menina de pele amarela, pés enlameados e boca em flor.

Mal sabia eu que o mundo não era meu quintal.

Acreditava que a alegria ali morava e que esta me

acompanharia faceira por onde quer que eu fosse.

Doce menina que hoje mulher se esqueceu de revisitar

seu quintal, o deixou pra trás. Anos depois, determinada

a buscá-lo, não o encontrara em buraco algum.

Me lembro do rio e das correntezas que o arrastavam

e da menina de purezas incertas. Hoje, me lembro

vagamente do cheiro daquela infame alegria.

AGORA

só existem dores

desmatamento e uma solitária flor.

SER POEMA

Poesia que me faz pensar

vez por outra me tira do sério.

Me norteia o passo e me ensopa os olhos

Me deságua na roupa dores que não se foram

Poesia meio torta, feita de inquietudes

erros e acertos.

Refeita nos anseios e desnorteios.

E me deixo ser ela

E assim me desfaço

E me pinto de versos

contos

parágrafos

Sorte a minha ser poeta.

O TEMPO

Me disseram que eu soava amarga feito o limão

que nasce fresco no quintal da casa.

Respondi de pronto

que amarga estava

por conta do rio que não corria igual, por causa do quintal,

este

que também não se enfeitava com as mesmas flores

e que minha amargura crescia

assim como as ervas daninhas que afogavam

minha mangueira alva que ainda restara.

O tempo e sua impetuosa força de renovação.

Às vezes me pego invejando a menina de pés enlameados

correndo pelos bambuzais

sem rumo

nem medo.

Com preocupações pequenas

e um punhado de sonhos selvagens.

Me lembro leve e sempre com um sorriso desavisado nos lábios.

Me lembro pequena e gigante na fé.

Minha família era completa ali

E ainda tinha os cavalos.

Aaaaah, os cavalos
E os pastos sem fim
verdes e sem
fim
e os galopes irresponsáveis
onde a queda
era quase certa.
Nunca caí deveras
Voltando aos meus momentos bucólicos.
Eu era, sim
feliz
e sabia que tinha tudo ali
até que o tudo
foi sendo retirado
Restaurado
e foi sobrando
o rio
a mangueira
a camélia
o fogão
a lenha

mas as pessoas não estavam,

um grande presente sombrio

e assombrado por lembranças doloridas.

As coisas que ficaram

essas também

envelheceram

mudaram.

E a menina de pés descalços

cresceu!!!

Frutificou ela

um botão lindo

e a flor

que agora vigora

não perfuma como antes.

mas sonha

silenciosa

sonhos possíveis.

Sonha em construir o seu jardim

com um rio

um balanço

e uma mangueira.

HOJE ME VI 37!

Fios brancos enfeitaram os cabelos, assim
como o luar em mim floresceu.
A lua minguante, descontrolada, invadiu meus
sentidos e entardeço em ritmo, lua crescente.
Mais plena em solitude e com menos sorrisos forçados.
Me apaixono pelo cotidiano que ali está, sempre
igual, me limito a saladas e sucos naturais.
O álcool ficou cada vez mais escasso ("ressaca de
velho é uma m****"), assim como parei com o tabagismo,
pois diziam: "A pele não aguenta, vai envelhecer
mais rápido". Nada rápido me apetece mais.
Meus cabelos brancos crescem e aumentam,
assim como os meus sonhos se ilimitam.
Estes se colorem, acabando por serem colhidos do chão
e desempacotados. Não me parecem mais juvenis.
Não sabia que os anos de sabedoria podiam
entristecer a alma e empoeirar a espontaneidade.

Sou eu, uma jovem senhora de quase 40, com alma

de 70 e diria um humor de 95, nada rabugenta.

Meus cabelos brancos me completam e

retiram a doma das minhas vontades.

Esvazio como um balão de festa infantil

Que nem vento há mais pra espalhar.

AMOR É SEU

Amor que me amassa maceta e arranha meu ego.

Amantes, esses desavisados e enfadonhos se

emburrecem no outro se emudecem.

Amor que era pra ser meu, tomou a

curva do vento pra nunca mais.

Coração que antes amava hoje viaja pra longe.

Banais.

Sou pedra pura, pedra que não fura porque de tão dura

Amoreceu.

AMOR BANGUELA

Amei muito

Fui amada por poucos.

E hoje que não amo ninguém

Os poucos se tornaram muitos!

A VONTADE DE DOIS

Sonho meu não ser seu

Sendo eu um feitiço narcísico.

Olho o umbigo da fera que ferida grunhe

se despedaçando em farrapos

Ser seu sonho me apavora e evapora a vontade de dois.

Sou mais um que não sendo dois serei

meu erro, meu medo, meu zelo

meu único assassino.

PRAZERES

Corpos que se acham

que se afagam

que se gozam.

Esses

sempre vão

Solidão.

PONTE AÉREA

Num voo
por várias almas
me apaixono!
Vejo uma moça
E... como carrega histórias de amores infelizes
a dor...
Confesso que naquele dia me senti menos
sozinha na tarefa de amar.
Temos também os ansiosos que travam uma relação de paixão
com o relógio e não adormecem nem com muito vinho.
Temos os pais que passam horas zelando suas crias
e desejando estar em qualquer lugar do mundo sem
ser esse de asas onde não existem playgrounds.
Temos também os cinéfilos que engolem
a lista de filmes da TV acoplada.
Os céticos que são pessimistas só querem morrer

porque não aguentam as próprias vidas e só

querem voltar para suas mesquinharias.

Num voo eu me encontrei e me perdi. Eu me lembro

que em um deles até chorei, um choro sem motivo

daqueles que vêm pra desinflamar o ego.

Num voo fui parar em várias partes, da vida, da morte, da sorte!

Quem se aquieta e adormece ao seu lado?

Qual seu nome?

Tem irmãos?

Gosta de qual comida?

Tanto pra se saber

Tanto pra perguntar

Tanto pra dividir.

As nuvens ficam distantes

As portas se abrem

Adeus.

A FRESTA

Uma fresta que em festa carrega o dia por entre sorrisos.

Dias quentes que machucam, queimam feridas expostas

Arrancam desajeitados abraços e, por fim,

cai a noite e a fresta que se fez dia

Adormeceu.

DESÉRTICA

Acordo em meio a lençóis de algodão macio

Mais um dia de sol a pino que me derrete as retinas.

Marias em mim

Lâminas de espinhos atravessam meu passado,

destroçam minhas certezas em miúdos

feita eu

caça!

Sendo presa, me devoro!

Caminho e em lugar nenhum me aporto.

Na estrada esburacada sacolejo meus desejos,

que acabam por me desaguar.

Choro.

Minhas costas pesam os passos destas mulheres

suas perdas

suas vontades

afogadas.

Meu olhar vagueia por suas almas.

Minhas pernas percorrem a caatinga em sangue

dor

Esperanças

Marias de mim.

AQUARIANA

De novo me faltam palavras.

Esse amor que sempre me atrasa e me deixa de

pernas pro ar sem saber direito onde pousar.

Justo eu

aquário sem dono

que vive por aí em revoadas

destrambelhada.

Mas feliz!

Eu!

Eu sozinha!

Dona de MIM!

Assim, termino minha vida de ermitão

No chacoalhão, abóbada, revirada

Completamente

Apaixonada

E...

Apavorada

Guenta, coração!

OUVIDO MORIBUNDO

Um pássaro caído de sonhos moribundos, minguando

ao chão, escutou de uma águia que passava rasante.

– Levanta e voa!

Ele, sem se ver quebrado, correu pelo chão e alçou um voo alto.

Chegando ao alto encontrou uma andorinha que piou enviesada

– Vai cair, passarinho quebradiço, sua asa não aguenta o vento!

Em um bater de asas vazio, o pássaro foi ao chão.

Sempre me diziam:

– Cuidado com o que se escuta, você pode acabar acreditando.

Os voos podem ser altos e os tombos também,

Depende de você!

CINZAS DE MIM

Meu sonho se desfez

Ao parir um menino enlameado de cicatrizes os

olhos de amor não notaram as diretrizes.

E, esfumaçados,

acreditaram no afago que enlaçou os

braços no abraço mais cativante.

Minha sina ali foi tatuada

De pele pra pele.

O selvagem que vivia por saquear mulheres escolheu

a mais indefesa e nela plantou a semente mais certeira

pra ter a certeza de que ela não fugiria do abate.

Sozinha

e com os braços preenchidos

a flor

perdeu suas pétalas

chorou sua seca

foi esquecida por todos

e se viu indesejada.

Ressequida, pranteou sua morte

E desejou a de outros.

Ela.

Sozinha.

Encoberta de pó.

Renasceu de si

Refloriu

Ressurgiu

E repaginou cada pétala que ensanguentada

pariu

um amor

Ladrão.

Perdão.

ECLIPSES DE MIM

No breu me vi nua

encoberta de sol chorei minhas lágrimas poentes

e morri

junto ao último brilho

que me vestia de mim.

Penso

logo desisto

De

Mim.

FERA FERIDA

Ando com preguiça de gente

Gente que não ama

não sente

Gente que não sabe ser gente

De verdade

Gentinha, que não se desfaz em lágrimas

quando o coração sangra.

Que sorri sem achar graça, que abraça sem admiração,

essa gente de bucho forte pra falsidade.

Sabe?

Ando me desfazendo de bagagens de aceitação, da

necessidade de elogios vazios e de críticas não construtivas.

Caminho por aí meio nua de regras

Num sorriso frouxo me alago em lágrimas.

O coração anda meio sombrio, mas creio fazer

parte da construção natural do humano:

ou você se fere ou vira fera!

Prefiro ferida ser feliz.